क्षितिज हथेली पर

क्षितिज हथेली पर

प्रतिभा चौहान

वाणी प्रकाशन
प्रकाशन के उत्कृष्टतम 62 वर्ष

सजिल्द पहला संस्करण : 2025

vaniprakashan.com

वाणी प्रकाशन

4695, 21-ए, दरियागंज, नयी दिल्ली-110 002

फ़ोन : + 91 11 23273167, 23275710

शाखाएँ

अशोक राजपथ, पटना-800 004, बिहार

कॉफ़ी हाउस कैम्पस, महात्मा गांधी मार्ग, प्रयागराज-211 001, उत्तर प्रदेश

महात्मा गांधी अन्तरराष्ट्रीय हिन्दी विश्वविद्यालय, वर्धा-442 001, महाराष्ट्र

sales@vaniprakashan.in

vaniprakashan@gmail.com

Kshitij Hatheli Par

by Pratibha Chauhan

ISBN : 978-93-6287-874-8

Poetry Collection

मूल्य : ₹ 420

आर. टेक ऑफ़सेट, दिल्ली-110 093 में मुद्रित

वाणी प्रकाशन का लोगो मक़बूल फ़िदा हुसैन की कूची से

अरविन्द कुमार, सत्यम चौहान

व

समर्थ चौहान के लिए

अनुक्रम

मैं सड़क ताउम्र न बन सका

जिस दिन मैं छोड़ आया
गंगा की लहरें और गोधूलि का देहात

शहर के धुमैले खण्डित आकाश के लिए
और चाहा कोई जीवन के लिए अखण्डित आविष्कार

उसी दिन मैं थोड़ा-थोड़ा मिट चला
गाँव की पगडण्डियों से

हालाँकि मैं
सड़क ताउम्र न बन सका।

दहक

मत गिराओ बन्धु
किसी सलीके की दीवार को

उस ओर बैठी हैं कुछ स्त्रियाँ
अपनी आबरू के भीतर सिमटी हुई

ठण्डी राख के ढेर की मानिन्द
शान्त, श्वेत और निश्चिन्त

यह तो तय है
ठण्डी राख के ढेर में
छुपी रह सकती है कोई दहक
सुलग सकती है फिर से कोई आग

एक हवा के झोंके के इन्तज़ार में पड़ी है तुम्हारी चीख़
ठण्डी मिट्टी समझकर
कभी बैठकर कुरेदना मत कोई राख का ढेर

किसी आँख की कोर पर टिकी हुई कोई बूँद
बदल सकती है तुम्हारे शहर का मिज़ाज

अगर बूँद जा मिली किसी बादल के साथ
तो बरस सकती है बाढ़ बनकर

या तेज़ाब में होकर तब्दील
उतार सकती है तुम्हारी हज़ारों वर्षों पुरानी दम्भ भरी चमड़ी को

जा मिलेगी किसी तिनके भर तूफ़ान से
तो मचायेगी खलबली पूरे समुद्र में

उजाड़ देगी तुम्हारी लग्गियाँ और मचानों को
क्या हुआ अगर
वह बरस जाये बिजली बनकर

जला ही बैठे धरती का सीना
जहाँ तुम्हारी सत्ता की लहलहाती फ़सलें ज़िन्दा हैं।

वे शहर में थे पर शहर अपना न था

वे आये थे अपना घरवार छोड़कर शहर की ओर
लिए अँगोछे की कोर से बँधे हुए सपने

क्योंकि रूख़सती की तमाम लाचारियाँ थीं
खेत खलिहानों के नेस्तनाबूद होने के बाद

वे रहे, जिए, भटके ताउम्र
सपनों को पाने की बेज़ुबान नाकामियों के साथ

और वापसी की चाह के मध्य
वे सिमट चले थे एक छोटे से कमरे में

वे दीवारों के मध्य थे, दीवारें उनकी न थीं
वे परिश्रमी थे, श्रम पर अधिकार उनका न था

वे ज़िन्दा थे, जीवन पर अधिकार न था
वे प्यासे थे, पानी पर अधिकार न था

वे शहर में थे,
पर शहर अपना न था

शहर उन्हें अपना न सका
गाँव उन्हें भुला न सका

जहाँ से आना तो आसान था पर
वापसी का रास्ता बदल चुका था।

शहर भूल चुका है संवेदना का अर्थ कुछ हद तक

एक अनदेखी नदी
विस्मृति का शिकार है

एक अनदेखा पुल शोर में अनन्त डूबा हुआ
हो चुका है तार-तार

वह एक सड़क भूल चुकी है घोड़ों की टापों की आवाज़
यह शहर भूल चुका है
संवेदना का अर्थ कुछ हद तक

गाँव भूल चुका है
कब आयी थी सड़क उसके दरवाज़े पर
परछाँई भूल चुकी है अपना मूल लिबास

और लोग भूल चुके हैं
अपनी संस्कृति के खोल में बन्द शान्त आवास

क्या हुआ !

अगर बच्चे भूल रहे हैं बचपन
हो रहे हैं प्रौढ़ता का शिकार

हमारी समूची भाषा का व्याकरण हो रहा है ध्वस्त
डूब रहा है सूर्य

पीले पड़ रहे हैं काग़ज़
और धुल रहे हैं उनमें लिखी नीली रोशनाई के सबक

इस गहरी धुन्ध में आती आवाज़ें
अब किसी इन्सान की आवाज़ से नहीं मिलतीं

ये मिलती-जुलती हैं गोलियों की आवाज़ों से
तीव्र,
तीखी
गन्ध बिखेरती हुई
बारूद की।

सोच लो तुम्हें क्या चुनना है

गहन उद्वेलन और उदासी में भी
तुमसे पूछे जायेंगे सवाल

जब तुम होगे अपने दुख के गहनतम बिन्दु
और उसके तात्त्विक कारण खोजते हुए उलझे हुए से

तब भी पूछे जायेंगे सवाल
कोई बेकार सा विशेषण देते हुए

वे रखेंगे तुम्हारे हाथों में धर्म की किताबें
करेंगे मजबूर क़समें खाने के लिए

और ठीक उसी वक़्त
तुम्हें ग़लत शपथ लेने के लिए देंगे दण्ड

फिर भी करेंगे प्रश्न जिसमें तुम्हारा दोष ढूँढ़े जाने तक
बतायेंगें सज़ाओं के प्रकार

तुम्हारे मौन और शान्ति की शक्ति भाँपते हुए
लगायेंगे तुम पर क्रोधित होने के तमाम आरोप

आकाश को कहेंगे धरती
और धरती को आकाश

इस तरह वे तुम्हें विरोध करने के गुर सिखायेंगे
करेंगे प्रताड़ित गहन प्रशिक्षण के बहाने

तुम्हें रखेंगे युद्ध की सबसे पहली क़तार पर
मरने पर करेंगे घोषित किसी बाहरी आक्रान्ता का जासूस

तुम्हें सीढ़ियाँ बनाकर चढ़ेंगे आख़िरी माले तक
और लगायेंगे बुलन्दी के नारे

पताका फहरायेंगे विजेता बनकर
पहले चिंगारी, फिर आग, और फिर ज्वालामुखी कहेंगे
फिर कर देंगे राख घोषित

और अन्ततः हटा देंगे
दर्पण पर पड़ी धूल की तरह

सोच लो
तुम्हें क्या चुनना है।

एक ख़तरनाक बात

वे बच्चे
जिनके खो गये हैं खिलौने
बन रहे हैं संस्कार और सेहत विहीन

बदल रही है धीरे-धीरे
उनकी जीवन शैली

सोच और सोचे जाने की तरकीबें
उनकी इच्छाएँ, शौक़, और आदतें

खेल और खिलौने
अब वे नहीं हैं जो तुम समझते हो

वे छूने से अब फट पड़ते हैं
ग़ुस्से से चेहरे को ढाँकते हुए

अनुभव के समुद्र को करते हैं तिरस्कृत
स्वभाव और संस्कारों को ललकारते हैं
किसी पिछड़े हुए विद्यार्थी की तरह

रंग-बिरंगी तितलियों
प्यारी मछलियों, हवाओं और नदियों

मैं चाहती हूँ
तुम जाओ और जगाओ उनके बचपन को

इस दुनिया के करोड़ों बच्चों में भर दो खिलखिलाहट
मुझे इन सूनी गलियों से गुज़रते हुए
यह कहना है
इन गलियों में खेलते हुए बच्चों की ख़ुशगवार किलकारियाँ

खिलन्दड़पन की गूँजती आवाज़ों को
सूना हो जाने से पहले

या सारे मैदानों, बाग़-बगीचे, आँगनों के ख़त्म हो जाने से पहले
मेरी मानो

तुम बच्चे क्यों नहीं बन जाते
मासूमियत को बचाने के लिए

मेरी चिन्ता
आने वाले समय के लिए वाजिब है

पृथ्वी पर सबसे ख़तरनाक समय तब आयेगा
जब दुनिया से बचपन ख़त्म हो जायेगा।

एक प्रहर पूर्व ही

जिनके घरों में सो जाते हैं चूल्हे
एक लम्बी नींद
अँधेरा अड़ जाता है अपनी ज़िद पर
अगली सुबह को ठुकराते हुए
वहाँ तुम निकल आना
एक प्रहर पूर्व ही
क्योंकि तुम्हारे आने से पूर्व ही जाग जाते हैं
उन घरों में बच्चे
जिनमें चूल्हे से पूर्व ही
सुलग उठते हैं पेट।

सुनना इस तरह

किसी आदमी की सिर्फ़
ज़ुबान की भाषा ही मत सुनना

कुछ सुनना मौन से
कुछ अनकहे और कुछ कहे से

कुछ छूटे हुए शब्दों से
तो कुछ कहे गये शब्दों की गहराई से

जीवन में, जीवन की भाषा से
इस तरह से जुड़ जाना कि समझना मन की भाषा

ठीक उसी तरह जैसे तुम समझ लेते हो
भाव की गहराई से बेज़ुबानों की भाषा

पहाड़, पत्थर, चौराहे, तिराहे,
सूखी घास, नदी और झरने

हर चीज़ के मायने जानते हो
उसकी गति और गहराई से तारतम्य बिठाते हुए

किसी भी चीज़ को समझने में
मस्तिष्क के किसी तन्तु का उपयोग नहीं करते

मनुष्यता के इतिहास में प्राचीन काल से अब तक
भाषाओं की परम्परा में
मौन से कहे गये शब्दों के अर्थ
निकाले गये बड़े ही गहरे

मौन की एक विस्तृत भाषा
विचरती रही पीढ़ी दर पीढ़ी

वही सबसे ज़्यादा समझा गया
जो कभी नहीं कहा गया।

अँधेरी जगहों में

हालाँकि घनी जगहों पर कोई नहीं जाता
न तो दिन में सूरज की रौशनी न रात में चाँद की चाँदनी

कभी-कभी तो सुगन्धित हवा का गुज़रना भी मुश्किल है
पहुँचती है बारिश भी बमुश्किल

उस पार रहती हैं कुछ जिन्दगियाँ
अपनी कहानियाँ, अपने क़िस्से
संवेदनाएँ और दुख सुख के मध्य
आकाश के तारों सी जगमगाती हुई

महत्त्वपूर्ण विरासत से बँधे हुए क़दम
निकलते हैं नपी-तुली राहों पर बिना किसी विघ्न के

जंगल और शरीर की लय
प्रकृति का सुन्दर गीत

रंगों और निशानों से सजे चेहरे
गर्व से उठे हुए
अतीत के सम्मान में झुके हुए

उनकी परम्पराएँ प्यार से गढ़ी हुई
मिट्टी में बुनी हुई हैं

हृदय में सुरक्षित
एक ऐसा अभयारण्य
जो देता है नयी दुनिया को जन्म

बिना किसी जात पाँत के,
बिना किसी रंग भेद के
बिना किसी ऊँच नीच के
निर्भय लोग

सच तो यह है वे अँधेरे से नहीं डरते
लेकिन इन्सानों से डर जाते हैं।

क्षितिज से लिपटी ज़मीन

कितना भी कच्चा हो रास्ता
ले जाता है एक छोर पर

रेखाएँ मज़बूत इरादों की
करती हैं कुछ न कुछ बयान
बनाती हैं मंज़िल
करती हैं इशारे

ये मंज़िल भी आ जायेगी क़दमों तले
जो तुम्हारी मशक्कत होगी किसी शिला सी अडिग

जब निकल ही पड़े हो अपनी हथेली पर गुनगुनी धूप लेकर
तो बादलों से गिला न करना
न ही पतझड़ के पत्तों से रखना कोई बैर

जीवन विरोधाभास का अनन्त है
और ब्रह्माण्ड एक अछोर

ये कच्चा रास्ता
देगा सबक, साहस और सरोकार

पाँवों के छालों के नीचे रहता है आसमानी तिलिस्म
चलना स्वप्न के अन्तिम छोर तक

विवशता न देखना
देखना तो सिर्फ़ क्षितिज से लिपटी हुई ज़मीन।

हथेली पर सूरज

हथेली पर पिघलता हुआ सूरज
और मुट्ठी में बन्द जिजीविषा
अँधेरी रात सी शान्त और बेख़ौफ़

बचा रहेगा कुछ स्पर्श सूरज का
बची रहेगी कुछ शान्ति अँधेरों की

जब दिन में हौसले भरेंगे अपनी उड़ान

वक़्त के सान्निध्य में
सोने नहीं देंगे स्वप्न।

फ़िलहाल तो इतना ही है हिसाब

पहले खलबली थी उनमें
कि वक़्त को ख़रीदा जा सकता है रुपये से
फिर उगा विश्वास कि सब कुछ ख़रीदा जा सकता है
मसलन आदमी को भी

उद्योग-व्यापार व आधुनिकता के दौर में
यों तो बहुत से चेहरे थे क़ीमत लगाने वालों के
पहले नर्क पर सवाल था
अब स्वर्ग के होने में सन्देह है

वे दम्भ को झूठ की चादर में लपेटकर ओढ़ लेते हैं
एक ख़ूबसूरत लिबास की तरह
करते हैं हासिल अभिनय की तालीम
और सन्ततियों को देते हैं इसके गुर संस्कारों के नाम पर

अब समय के हिसाब से
वे न नर्क को मानते हैं
न स्वर्ग की ही करते हैं कल्पना
करते हैं भरोसा ताक़तवर होने के तर्क पर

कल्पनाओं में जीते हुए
नहीं उठाते लुत्फ़ किसी अनजाने ख़ौफ़ से
सौदा कर जाते हैं वे लोग

जो नर्क से भी नहीं डरते
बस डरते हैं तो सिर्फ़ ताक़त कम होने के भय से

कुछ तो इन्हें ही बना लेते हैं अपनी पहचान का हिस्सा
बनना चाहते हैं धूल में गिरे हुए सिक्के सा चमकना
कभी-कभी कर देते हैं आत्मरक्षा में हिंसा
क़ानून का इसे हिस्सा बताते हुए

फ़िलहाल तो इतना ही है हिसाब

कोई कर सकता है किसी का नुक़सान
स्वर्ग-नर्क की कल्पना को धता बताते हुए।

रास्ते फिर चल पड़े हैं बीहड़ जंगलों की ओर

क्षण-क्षण के सारे हिसाब रखती है
ये ज़िन्दगी
सब्र की किताब रखती है

गाजा के बादलों में
बेहिसाब दर्ज हैं
निर्दोष चीख़ों के गुबार

बारूद से भुरभुरी हुई
ज़मीन के काले धब्बे
दर्द के पनपते दरख़्तों की
स्याह परछाइयाँ

उगी हुई कँटीली शाखें
चिपके और सूखे हुए अधर के आँसू

और आप समझ सकते हैं
मनुष्यता बीमार हो जाने का वक़्त
बड़ा ही बदहवास है

बीहड़ जंगलों से निकलकर
जो जन्मते रहे सभ्यताएँ

इस दौर के सबसे दुर्गम रास्ते
फिर चल पड़े हैं बीहड़ जंगलों की ओर।

प्रेम

कितना किया गया श्रम
अध्ययन, शोध व निर्वचन पर

कभी आत्मा की शाश्वतता
तो कभी ध्यान, योग, कुंडली, मेधा पर

जाग्रति, सुसुप्त सौन्दर्य और आत्मबोध पर
कभी उत्स, उल्लास और अभ्यास पर
कभी-कभी आभास पर

लेकिन, परिष्कृत रूप में विकसित धरा पर
दिव्य रूप सा
असंख्य वर्षों से इन हथेलियों पर

–प्रेम

बिना श्रम किये ही उपजा है।

इतिहास सिर्फ़ विजेताओं के लिए

बिजलियों के चमकने के साथ ही
याद आ गये सभी घाव
जड़ी बूटियाँ और मरहम भी

जो काम आये थे किसी वक़्त
एक-एक करके दर्ज हुए शिराओं में

अब न रहा वो घाव
न मरहम
न ही हदों के नामो निशां

और न ही बिजलियों की चमक
न नदी अपने दायरे में बही

पर मछलियों के साथ बहते रहे पत्थर
जो आये थे बहकर अपने घरों से

दरअसल उनके दर्द का विस्तार पूरी नदी में बहता था
पत्थरों के सीने में हर वक़्त
धकेले जाने के निशान मौजूद थे
टहनियाँ बिखरती रहीं
पनिहारों ने नहीं बदले रास्ते

परन्तु पत्थरों, मछलियों और टहनियों ने
तुम्हारे जीवन के सबूतों को जीवित बनाये रखा
अपना सर्वस्व बलिदान करते हुए

यह विशिष्ट बात इतिहास में नज़र नहीं आयी
दर्ज किये गये सिर्फ़ युद्ध,

मिटती हुई इबारतें,
टूटते हुए बुर्ज,
हारे हुए इन्सानों के आँसू,
विजेताओं के अट्टहास
विद्रोह के स्वर

बलिदानों की कई गाथाओं में
पत्थरों, मछलियों और टहनियों का इतिहास कभी दर्ज नहीं किया गया।

शुद्ध रिक्तता सी शान्ति और कुछ समय की शून्यता

व्यर्थ की अभिव्यंजनाओं से कर दो परे
कुछ इतनी रखो दूरी
कि शुद्ध हवा पहुँच जाये हृदय के क़रीब

तुम्हारे साथ तर्क करते हुए मैंने जाना
आसान नहीं होता तर्क के साथ होना
और साथ रहना भी

ये दोनों स्थितियाँ बड़ी जाहिल लगीं
जीवन की रिक्तता दोनों में ही मिली

कभी कुछ कम रहा तो कुछ ज़्यादा
मस्तिष्क को मिली विचित्र उद्वेलिता

दहकता अंगारा सा तुम्हारा मानसिक कोलाहल
झुलसती मन की कोमल शैय्या मेरी

अधिक प्रेम नहीं चाहिए
चाहिए शान्ति के कुछ क्षण

शुद्ध रिक्तता सी शान्ति और कुछ समय की शून्यता।

शक्ति का अंश

क़तार में खड़े हुए बुत
सिर्फ़ एक ही बात जानते थे

अतिशय विनम्रता और हर बात पर जी हजूरी
सिर हिलाने की कला ने उन्हें बना दिया था महान

समूहों के लिए वे थे तो इन्सान ही
लगातार दिमाग़ी घोड़ों के हिनहिनाने से
अपनी आवाज़ न खोते तो क्या करते

एक दिन मैंने एक स्वप्न देखा
और उन्हें उनके वास्तविक क़द से ठीक आधा देखा

मैंने एक और स्वप्न देखा
जिसमें उनके शरीर
बिना खोए रक्त का एक क़तरा भी
दो भागों में बँटे थे

उनके आसपास रोने वाली चीख़ें नदारद देखीं
नहीं देखे मायूस माहौल के कोई कारिन्दे

न ही पेड़ों पर परिन्दे देखे
शहर में, सड़क पर, घरों में, आसमान में बहुत धूल देखी

गुबार देखे, आँखों में किरकिरी देखी,
विवशता देखी, पछतावा और टूटता हुआ दम्भ देखा

वे किसी मज़ार, मन्दिर, गुरुद्वारे या चर्च के आगे
भीख माँगते हुए, बिलखते देखे

आप मानें न मानें
उनमें शक्ति का अंश नहीं मतिभ्रंश देखा।

दो पल का सुकून और मीलों का फ़ासला

न लिखा गया कुछ भी
तुम्हारी प्रतीक्षा के बाद

अब तुमने जब से छोड़ दिया है,
खेतों की मेढ़ पर चलना
और भुला दिया है
आम की बौर की सुगन्ध को,
जिसे तुम अपनी आत्मा तक में कर लेते थे जज़्ब

अब हमारे तुम्हारे मध्य बस चुका है मीलों का फ़ासला
इसमें एक उम्रदराज़ शहर बसता है

अब तुम्हारे पास से आती है पेट्रोल और डीजल की महक
और कभी शराब की गन्ध भी

तुम इस शोर को बसा चुके हो
अपने भीतरी कोलाहल में

ब्रह्माण्ड के बरअक्स शान्ति
जिसमें कभी डूबी थी फ़सलों की गन्ध

आज किसी दुर्गन्ध के माफ़िक़ पड़ी है
बियाबान और सुनसान जगहों पर
अब भी सुनाई पड़ती है बैलों की टाप

हालाँकि अब सड़क और पगडण्डी
दो मुक़ाबले की चीज़ें नहीं हो सकतीं

जब तुम्हें याद आये पगडण्डियों की
तो आना मेरे पास मैं कविता की डायरी के बरअक्स दिखाऊँगा

मेरी कविताओं में अब भी सुरक्षित हैं
तुम्हारे गाँव की पगडण्डियाँ।

मौन और अस्थिरता के मध्य कहीं

अस्थिरता को न दो किसी असंयमितता का नाम
न ही कहो कि वह है किसी अनाड़ी का राग

अस्थिरता तो चाँद के साथ भी है मुसलसल
एक मुकम्मल सिलसिले सी

देखी है कभी कोई स्थिर नदी
या स्थिर समुद्र की लहर

नींद में देखे गये विश्व के समस्त स्वप्न
लाख कोशिशों के बाद भी नहीं बनाये जा सके स्थिर

दुनिया की समस्त औरतें होती हैं सदा ही अस्थिर
बेनींद होने का हिसाब माँगती हैं

एक फ़लसफ़ा किताबें क़ैद हैं रोशनाई में
मौन और अस्थिरता के मध्य कहीं

अस्थिरता और मासूमियत विराम करते हुए जानती है
कि बेहतरी है खुल कर विलाप करने में

हालाँकि बहुत कम दिखा पाते हैं अपने ज़ख़्म
जो होते हैं सर्वदा स्थिर

बहुत से असाध्य रोगों के मध्य
नहीं गिना जा सका इसे रोग की तरह
हालाँकि चलती रही प्रतीक्षा एक मुकम्मल सुकून के लिए

बेमेल होती हैं वो जोड़ियाँ
जो बनती हैं किसी स्थिरता व अस्थिरता के मध्य

हालाँकि निभती हैं फिर भी
समाज के मेरियाना ट्रेंच के बोझ तले दबे हुए।

जिजीविषा

तुमने उसे पत्थर समझ ठुकराया
और वह धीरे से मुस्कुराया

कभी मुसाफ़िर को रास्ता दिखाने,
तो कभी दूरियों को मिटाने में काम आया

उसने तुम्हारे मस्तिष्क में की सेंध
और तुम्हारे मन्दिर का देवता बन आया।

कोई युद्ध अन्तिम नहीं होता

कोई युद्ध अन्तिम नहीं होता
और न शान्ति सदा के लिए मौन

न अभिशप्त है कोई हृदय
सदा आँसू बहाने के लिए

दमकता हुआ सूर्य और छुपी हुई किरण
पूर्ण आलाप से पूर्व ही रहती है अतृप्त सी

रास्ते नहीं रहते सदा शूल से सजे हुए
किसी उम्मीद पर नियत है आँधियों का वेग भी
और अमन व शान्ति का ध्येय भी

लक्ष्य और लक्ष्य भ्रम के मध्य बहती हुई नदी
आकाश की बेड़ियाँ भी अभी सजी हुई
माना अभी पड़ी हैं सुषुप्त सारी प्रार्थनाएँ
अमूर्त के प्रकाश से विपश्यना की कामनाएँ

सभ्यता के उदय का, मनुष्यता के भाव का
सदैव होता है नामकरण
प्रतिपल बदलता है समय
प्रतिपल है जागरण

कोई पल अन्तिम नहीं होता,
न ही कोई पल आरम्भ

जिस वक़्त उठ चले ध्येय के लिए
वही असल प्रारम्भ।

सब एक सा

मैंने पाली हैं कई
चिड़ियाँ

जो नहीं पूछतीं एक दूसरे की जाति
न ही लड़ती हैं आपस में आकाश की सरहदों के नाम पर

न उन्होंने बाँटा है ज़मीन पर गिरे हुए दानों को चुगते वक़्त
उन्हें तुम्हारा-मेरा कहकर

मैंने उन्हें दी आज़ादी
खुला आसमान
खुली फ़िज़ायें
और समस्त ब्रह्माण्ड के
ख़ूबसूरत नज़ारे

भरपूर आज़ादी नहीं डिगा सकी
उनको उनके मूल स्वभाव से

उन्होंने अपने नियम प्रकृति से लिए
नहीं बनाया गया कोई क़ानून उसके ख़िलाफ़

मेरी चिड़ियों ने
होली के समय में गाये हैं फागुन के गीत

हर मौसम का किया सत्कार
उनके पाँवों ने कभी नहीं समझा अपने पराये का अर्थ

वे कभी नहीं डरीं एक साथ अँधेरे में होने से
नहीं दिखी वैमनस्यता उनके दिलों में

हालाँकि हम मनुष्यों की भाँति सबकी रगों में
एक सा ही रक्त बहता था।

कविताएँ एक सी नहीं होतीं

कविताएँ एक सी नहीं होतीं
कुछ मौन, संध्या और काली रात की विवेचना करती हुई
दिन की कहानी बयान करती हुई मदहोश

कुछ में होता है दुख,
सजल चाँदनी सा फक्क
अपलक वाला कुछ मौन

कुछ पहाड़ सी अडिग
कुछ बिजलियों सी कौंधती हुईं बेचैन

आन्दोलन में फूँकती हुई जान
कुछ गिराती, कुछ साधती, सकुचाती
भावुक, भावनाओं से लबरेज विरह का संगीत

पत्थर सी चोट करती हुई
जन्म-जन्मान्तर के प्रेम की व्याख्या में तल्लीन

कुछ शासन प्रशासन के मध्य राजनीतिज्ञों सी
कुछ राजनीति के दलदल में डूबते को तिनके का सहारा सी मशग़ूल

कुछ स्वप्न की सुदीप्ति
कुछ योग सी प्राण युक्त,

कुछ जनबल की आवाज़
नवयुग का संचार करती हुई अनवरत

कुछ कसी हुई प्रत्यंचा सी कमान पर
विचार कर कुछ निकल चुकी धनुष के बाण सी

कुछ सत्ता की प्रतीक
निर्धन का धन, निर्बल का बल बनी हुई ढाल सी

क्रूर समय की माँग सी, प्रदीप्ति सूर्य सी प्रचण्ड
पूर्णत: निराशा के विरुद्ध, किरण सी रेशमी मुलायम

प्रेम की पराकाष्ठा युक्त सदा त्याग सी और तपस्या में लीन
कुछ वाम दिशा की मशाल

तो कुछ विरोध का विरोध, क्रोध सी धधकती हुई
कुछ प्रभार, भार से मुक्त सिम्फनी,

कुछ ब्रह्माण्ड की दिशा में उदित सूर्य सी
कुछ शीत प्रकाश सी दुग्ध धवल चाँदनी।

कविताएँ एक सी नहीं होती।

कुछ बचा रहे

स्वप्न में कट्टर चुप्पी डराती है उसे
हड़बड़ाकर उठ बैठती है,
किसी ख़रगोश सी दुबक जाती है फिर
इस चुप्पी ने दिये हैं सबक

उतना ही चाहना जितने में बना रहे तुम्हारा आत्मसम्मान
अंजलि भर ही पीना समुद्र से
जितने में कुछ बुझ सके प्यास
ज़रूरत पड़े तो प्यास को मारना भी सीखना

उतना ही बोलना
जितने में बनी रहे दो भौंहों के बीच की दूरी
वक़्त बेवक़्त बिना बात के मुस्कुराना
रिश्तों की सेहत के लिए सब्र की कड़वाहट को पी जाना
उतना ही चलना जितने में बची रहे पैर की टूटन
आगे बढ़ने से पहले पढ़ना उसूलों की किताब

एक दिन जान जाओगे तुम
एक अपनी दुनिया भी ज़रूरी है जीने के लिए
कुछ कट्टरता भी ज़रूरी है उसूलों में
ताकि सह सको दूसरों की कट्टरता

इकहरा प्रेम मत करना,
कुछ बचा कर रखना ख़ुद के लिए भी

जितने में ख़ुद से करते रहो प्रेम
निपट अकेले समय में

इतना ऊँचा भी मत चढ़ना कि नीचे देखने में लगने लगे डर
और गिरो तो उठ न सको वजूद की बिखरी किरचें उठाने के लिए

और सुनो
तुम ख़ुद से ज़िन्दगी नहीं मृत्यु समझकर मिलना
ताकि बची रहे कुछ ज़िन्दगी दिल और दिमाग़ के मध्य।

जीवित

मुझे समझा गया पानी
और दूषित कर, की गयीं रोकने की कोशिशें तमाम
मुझे हवा समझ बन्दिशों में बाँधने की साज़िशें भी हुईं नाकाम

मुझे पृथ्वी समझ
खोदे गये गड्ढे सिर्फ़ नायाब चीज़ों की हुई तलाश
और बंजर करने का किया गया प्रयास

मुझे आकाश समझ
मुझ तक पहुँचने की कोशिशें थीं बेतादात

मुझे कश्ती समझ डुबोने में भी नहीं छोड़ी गयी कोई कसर
मुझे राह का पत्थर समझ ठुकराया गया

फेंका गया बेगुनाहों के शरीर पर
मुझे वृक्ष समझ काटा गया,

वक़्त बेवक़्त किया गया क्षत-विक्षत सजावट की ख़ातिर
परवाह किये बिना कि मैंने कितनों को जीवन दिया

हद तो जब हुई
जब वक़्त समझ

मुझे कुचलने और बदलने में किये गये अनर्गल आलाप
और एक बार फिर असफल ही रहा प्रयास

ओ सुनो, ज़रा देखो
मैं एक विचार हूँ

न डरा हूँ न डरूँगा
जब जीने की ज़िद है, तो कैसे मरूँगा

तुम्हारी बनायी चीज़ों की मुखालफ़त तो नहीं करता
पर रखता हूँ अपने साथ
अपने हिस्से की धरती
अपने हिस्से का आकाश

पानी, हवा, मिट्टी
वृक्ष और वक़्त भी
और स्वतन्त्र जीवन की आस

अब तो समझ जाओ
तुम्हारे निरर्थक हैं सारे प्रयास।

तहज़ीब के नाम पर

तहज़ीब के नाम पर
छीन ली गयीं आज़ादियाँ

और बड़ी ही शिष्टता से
बदले गये शिष्ट होने के मापदण्ड

समाज के हाशिये पर
रहने वाले लोग
सवालों से रहते हैं महरूम

बड़ी मशक्कत से करते हैं
सिर्फ़ साँस लेने की जुगाड़

देश के लोकतन्त्र के साथ ही
एक परिवार का भी होता है लोकतन्त्र
जहाँ पर नायिकाएँ
सिर्फ़ भेष बदलती हैं

चुनाव की न उन्हें आदत है
और न ही इजाज़त।

बेकसूर

जो निर्भीक चलता रहे
पर किसी जुलूस या जलसे में शामिल न हो

न करे किसी चीज़ का इन्तज़ार
छिपकर बैठा रहे बाहरी दुनिया से बेख़बर

न ले दिलचस्पी किसी काम में
उस वक़्त वह आदमी बेकसूर है

सच में बेकसूर!

बहुत ज़्यादा धीर-गम्भीर, बेकसूर आदमी
किसी भी दिन तारीख़ पर जा सकता है

हाज़िर हो सकता है किसी अदालत में
छला जा सकता है किसी भी वक़्त

तोड़ा और मरोड़ा जा सकता है कहीं भी
किसी छिपी हुई गम्भीर योजना के तहत फँसाया जा सकता है इरादतन

वह सीधा आदमी
जिस वक़्त बुन रहा होता है भविष्य के स्वप्न

उधेड़ा जा सकता आसानी से
इस छलने, फंसाने, तोड़ने, गिराने
और उधेड़े जाने के लिए
उसका गुनहगार होना ज़रूरी नहीं

पर जो ज़रूरी है
वो है ये
कि वह रहे सतर्क किसी भी ख़तरनाक आहट से।

भावुकता और संवेदनशीलता का फ़र्क़

कविताओं को लिखते वक़्त ही
मैंने समझा है
भावुकता और संवेदनशीलता का फ़र्क़

दरअसल मैंने
दुख की देहरी पर लिखी कविता
और देहरी पर जलता हुआ दीप भी लिखा

मैंने गाँव की सरहद पर लिखी कविता
और उस पर चल कर आयी एक सड़क लिखी

सड़क के सहारे उगे युवाओं के सपने लिखे
कई बुज़ुर्गों के संशय लिखे

कई माँओं की प्रसव से पूर्व
शिशु के जीवन की तसल्ली लिखी
स्वप्नों को जीने के संघर्ष में
किसी हृदय के भीतर सुलगती आग लिखी

मेरी कविता किसी गाँव की हरियाली हो सकती है
किसी बीज में बन्द उम्मीद भी हो सकती है

किसी के स्वप्न,
किसी की आस हो सकती है

परन्तु किसी की निराशा बन जाये
ऐसा मैंने कोई शब्द नहीं लिखना चाहा कभी

मेरी कविता किसी राष्ट्र की सरहद
और देश की भक्ति हो सकती है

किसी प्रेम को अमर बनाने वाली
कोई घुट्टी हो सकती है

राडारों, पनडुब्बियों,
और तेज़ मारक क्षमता वाले रॉकेटों से कई गुना तेज़
हो सकती है कविताओं की धार

लेकिन किसी की भावनाओं से खेलने वाली
क्रूर मन:स्थिति नहीं हो सकती

प्रेम को अमर बनाती है कविता
और फिर प्रेम बनाता है एक कविता
और जीवित रखता है किसी कवि का कवित्व।

समय की नायिकाएँ

सिक्कों में ढली हुई समय की नायिकाएँ
किसी ओजपूर्ण शासक से कम न थीं

उनके ओज के सूर्य में न थी ढलान
न थी मलिनता

वे व्यवस्थाओं के भीतर व्यवस्थित
शासन की नस नस से वाक़िफ़ लगीं

नगर देश काल के हर हाल और
काल में वे समाहित लगीं

दरो दीवार के क़िस्सा का हिस्सा बनकर
नहीं रहीं वे वीरांगनाएँ

वे शोहरत की मलिकाएँ
अपना किरदार बड़ी ख़ूबी से निभाती थीं

उनके हिस्से के आँसू
उनके हिस्से का दर्द

उनके हिस्से की यातनाएँ
उनके भीतर ही क़ैद रहीं

ज्यों रहती हैं किसी महान राजा के राज्य की
ख़ूबसूरत रानियाँ

वे लिबासों के भीतर नर्म दिल रखती थीं
और कठोर लिबास के माफ़िक

कठोर फ़ैसलों से उपजा था उनका शरीर
ये बेख़ौफ़ नायिकाएँ
अबला के नाम पर
एक विलोम शब्द थीं

किताबों के भीतर मौजूद
उनकी कहानियों के पन्ने
ख़ुद ब ख़ुद खुल जाते हैं
जब एक लड़की रखती है कोई किताब
सलीके की जगह पर।

अगली सुबह का सूरज

मुझे सो नहीं जाना है
इन्तज़ार की घड़ियाँ गिनते हुए

निराश होकर
इस अमूल्य घड़ी में

नहीं रह जाना है प्रतीक्षा करते हुए
एक मासूम सी नायिका बनकर

जीवन सम्बन्ध में
अवसाद सा घुलते हुए

ऊब और उदासी की परिणति तक पहुँचकर
ख़ुद से नहीं करनी है ईर्ष्या और घृणा

बदलते हुए समय में प्रेम भी बदलता है
सच तो यह है कि मनुष्य भी वह नहीं रहता

जो वह था कभी
अपने उसूलों क़े हिसाब से

बदलाव को स्वीकार करने की नज़र और ताक़त
टिकी रहनी चाहिए

भले न टिका रहे प्रेम

यह सच है कि हमारे भीतर
कुछ न कुछ छूटता है, बनता है और टूटता है

बदलाव के धरातल पर
उगती है हर रोज़ एक सांत्वना की बेल

हम पहचान न सकने की ग़लती के कारण
उसे लगातार अपने भीतर निरर्थक
करते जाते हैं नज़रंदाज़ समूल

सच तो यह भी है कि
महज़ साँसों का आना जाना ही जीवन नहीं

न ही जीने की आख़िरी तरकीब
न ही प्रतीक्षा के पलों के भीतर बन्द कोई प्रतिशोध

इसलिए सुनो
मेरी प्रतीक्षा तुम्हारी नहीं है अब

मेरी प्रतीक्षा और लक्ष्य
अगली सुबह का नारंगी सूरज है।

जीवन का सही अर्थ

एक जीवन को सही-सही अर्थ देने में
लग जाते हैं
कई वर्ष
कभी-कभी तो सम्पूर्ण जीवन भी

हिकारत से देखे जाने वाले लोग
पहले ही समझ लेते हैं
आसान रास्तों में बिछी हुई राहें

आओ बैठो
पीपल की छाँह में
और डुबो दो अपने सारे दुख-सुख और लाचारियाँ

मेरे हिस्से की छाँह लेकर भी
तुम कर सको तो करो
अपने समग्र दुख-दर्द के लिए
कोई दर्द निवारक इन्तज़ाम

यही होगा मेरे जीवन का सही अर्थ।

अपना घर

(दीदी के लिए)

अपने घर जाने वाली पिछड़े इलाक़ों की लड़कियाँ
देखती हैं किसी खास सुबह के वक़्त
डरावने स्वप्न

उनके सच होने के डर से
छुपाती हैं अपने दुख दर्द

वे गाँव की हर औरत की कहानियों को
सुनना चाहती हैं
एक महान श्रोता की तरह

हर बियाही गयी लड़की के दुखों की थाह लेना चाहती हैं
तौलती हैं उनकी
दुख-दर्द की कहानियों को

अपने हृदय के भीतर क़ैद ख़ुद के अस्तित्व से
सास ने किस तरह दिये ताने
किस तरह छोटी ननद बन चुकी है गले की फाँस

पीछे छूट गयी
एक दुनिया
चाहे अनचाहे खेल व खिलौने

कौन खेलता होगा अब उन्हें
क्या गुड्डे गुड़िया का ब्याह करने वाला कोई बचा है गाँव में

वे नहीं जानतीं
उनके जाने के बाद किस तरह बीतीं रातें उनके बिना
क्या अकुलाये होंगे बग़ल के चाचा ताऊ
या कोई सगी सहेली
या भाई का दोस्त
या उसकी गईया
जो उसके बिना दूध नहीं देती थी

खाना खाते वक़्त वह हमेशा रही दौड़ती भागती
पिता की एक आवाज़ पर
देखओ गईया खुल गयी है लाली
दूसरे खेत में न घुस जाये
कहीं बछड़ा सारा दूध न पी ले

अब ससुराल आने पर कौन बाँधता है गईया
कौन दौड़ता होगा बेवक़्त उसके खुल जाने पर

लाली आ गयी है अपने घर
जो जन्म-जन्मान्तर के लिए
घोषित है उसका घर
जिसके किसी भी सदस्य का रक्त
उसकी रगों में नहीं दौड़ता है

इस घर में नहीं जन्मी
न ही कराई हैं उसने यहाँ गुड्डे और गुड़ियों की शादियाँ
न संगी न सहेली

एक घर
जहाँ मिलते हैं ताने
जहाँ मिलते हैं दुख-दर्द
जहाँ कम खाना और ज़्यादा काम होता है
जहाँ सहनशीलता की होती है परीक्षा
और मर्यादा की सीमा लाँघने पर
कभी-कभी मिलती है मौत

ये अपना घर है
यहाँ रहना ही होता है
हर लाली को अन्तिम साँस तक।

सृजन के बीज

संघर्ष और विनाश में
बचे रह जाते हैं सृजन के बीज

जो किसी पत्थर के बीचोबीच उग जाते हैं
मज़बूत दरख़्त की तरह

प्रकृति दबे पाँव पीछे छोड़ देती है
अपने मज़बूत निशान

वीराने भी बदलते हैं
एक मुद्दत के बाद

कहीं कोई बिखरा हुआ संगीत
अपने किसी गुमशुदा धुन में होता है क़ैद आख़िरकार

कुछ इसी तरह
हमारे निर्णय अन्ततः
हमें ले जायेंगे एक अन्तिम छोर तक

आदमी के लिबास में
पढ़ा जाता रहा प्रेम
अन्तिम पंक्ति तक।

बहुत थोड़ी सी मिलती है उम्र

अपनी नयी पहचान बनाने से पूर्व
मत खो देना अपना कोई प्रिय कोना

जहाँ बैठकर
तुमने की होंगी अकेले में बातें ख़ुद से

और दिया होगा ढेर सा साहस
कुछ नया करने से पूर्व

कुछ रखना महक अपने संस्कारों की
और कुछ सोंधी ख़ुशबू अपनी मिट्टी की
भीड़ में गुम होने से पूर्व

कामियाबी और कामनाएँ
कभी न ख़त्म होने वाला ईंधन है

किसी भी ओर बढ़ने से पहले
विशाल आकाश को टटोलना

और नीचे की ज़मीन को देखना
कोई ऊँची उड़ान भरने से पूर्व

ठीक-ठीक कर लेना आकलन
अपने मज़बूत पैरों के नीचे की ज़मीन का

किसी सादगी में ही बसा होगा
कोई छुपा हुआ आकर्षण

राजसी चोटियाँ इस दुर्लभ जीवन में
दुर्लभ सान्त्वना हैं

इस सुनहरे अभयारण्य में गुम हो जाने से पहले
लिख देना प्रेम और संवेदनशीलता का वसीयतनामा

जंगल में अपने पदचिह्न छोड़ने से पहले
ये समझ लेना

बहुत थोड़ी सी मिलती है उम्र
कुछ कर गुज़रने के लिए।

भावनाओं का सरोवर

प्रेम के भीतर की
उदासियों को भी पढ़ना चाहिए

ठीक उसी तरह
जैसे प्रेम में पढ़ा जाता है प्रेम

एक संवेदना उतरती है गहराई में
किसी नदी के भीतर कुछ खोजती मीन सी

सिमट जाता है सूरज
अपनी समस्त किरणों को अपने हाथ में लेकर

डूबता है चन्द्रमा भी तारों के साथ
बादलों के मध्य
चमकती हुई पतली लकीर की माफ़िक

ख़ूबसूरत हैं किसी हृदय की गहरी संवेदनाएँ
जिसके आसपास जन्मती हैं सभ्यताएँ

जीवन के उदय से लेकर अन्त तक
प्रेम में जब-जब पढ़ा गया सिर्फ़ प्रेम

बहुत ही अधूरा सा रहा
भावनाओं का सरोवर।

एक कविता

एक कविता
पढ़ते ही दिल में उतर जाती है

मानसिक तन्तुओं को देती है झकझोर
एक कविता उठती तूफ़ान सी

जीवन में लाती उथल-पुथल
करती सोचने को मज़बूर

शब्दों ने अगर लगायी थोड़ी सी भी आग
चिंगारी चली जायेगी उड़ती हुई दूर तक

कविता को कविता ही रहने दो
न बनाओ किसी जुलूस का नारा

मत होने दो बर्बाद किसी का घर
अगर लिखो तो लिखो प्रेम
और समर्पण का सलीका

दे सको तो दो त्याग और बलिदान का सबक
लगाओ आग तो ऐसी कि जल सकें ग़रीबों के घरों के चूल्हे

कर दो सारी कालिमाओं से मुक्त
किसी गुनहगार को सँभालने का मौक़ा देते हुए
उजली रात की दूधिया नदी बनकर
मिटा दो सब दाग़ दिल के

वरना फेंक दो अपनी क़लम
समुद्र की गहराई में।

केरल की सत्तर वर्ष पुरानी इमारत ढहने पर

जर्जर अस्तित्व वाली
सत्तर वर्ष की बूढ़ी इमारत ढहती है

चीत्कारों में गूँज
चार बेदाग मासूम ज़िन्दगियों की
दब कर रह जाती है

उसकी ऊपरी साज-सज्जा
सँवारते वक़्त
इस बड़ी इमारत ने अपनी
उम्र पूरी करते वक़्त

आगाह किया था अपनी खोखली जड़ों के बारे में
नज़र-अंदाज़ी की हद तक

वह अपने अन्तिम पड़ाव पर थी ठीक उसी तरह
जैसे एक मनुष्य की पूरी हो जाती है उम्र

उम्र के बाद
जीवन के अंश नहीं बचते

खोखली जड़ें कभी साथ नहीं देती
समय समाप्त होने के बाद।

भयाक्रान्त

तुम वही देखते हो
जो देखना चाहते हो

वही सुनते हो जो
सुनना चाहते हो

शेष की कल्पना तक डराती है
और तो और

तुम्हें उतना हँसना भी नहीं चाहिए
जितना हँसता हुआ कोई बेज़रूरी लगे

हृदय में उठी हर बात
ज़ुबां तक आने में कतराती है

तुमने किस तरह से देखा एक स्त्री को
कि तुम खुल कर तारीफ़ करने में भी भयाक्रान्त हो उठते हो

उसके अस्तित्व और ऊँचाई से डरते हुए
तुमने ख़ुद को हमेशा किया श्रेष्ठ साबित

वो ऐसे
कि जब सब तुम्हारे जैसे लोग एकत्रित हुए

तुमने बजाया झूठा विजय संगीत
और ख़ुद को कर दिया विजेता घोषित

बिना किसी चुनाव के।

सन्ततियों के लिए

गहरी आँखों वाला जंगल
सूर्य से इतर परछाइयों में होता जाता है और गहरा

रहस्यमयी आँखों में छुपे हुए हैं
आस्था, विश्वास, त्याग और प्रेम के गहरे सबक़

सादगी में एक आकर्षण और शान्ति का आह्वान है
और चीड़ की सुगन्ध में व्याप्त एक दुर्लभ सान्त्वना

कोई भव्य विलासता या वैभवशाली ज्वार-भाटा नहीं
परन्तु शुद्ध और सच्चे उत्स का वसीयतनामा है

शिखर पर रोमांच और रहस्यों के मध्य
उन्मादी धड़कन से परे एकान्त की मौजूदगी है

एक साधारण सा जीवन
विलासता से अज्ञात एक ऐसा आश्रय

जहाँ से दिखाई देता है भव्य धरती का सम्पूर्ण शृंगार
शान्ति का सार, विशुद्ध और निष्कपट

क्यों खोजते हो दिन-रात किसी षड्यन्त्र की तरह
अक्षय दीवार को छलनी करने का ध्येय रखते हुए

कुछ करने से पूर्व
सुनो!

सन्ततियों के लिए
कुछ रह जाने दो शेष।

सम्बन्धों के कोलाज

इन सम्बन्धों के कोलाज के भीतर
विचित्र सी ख़ुशी दबी हुई

खोयी-खोयी सी शान्त
स्वप्निल

स्नेह की दूधिया रोशनी में नहाई
शुद्ध व सात्विक
और परे सारी विक्षिप्तताओं से

सुनो
तुमने कभी शान्त समय में
अपनी आत्मा की आवाज़ को सुना है

या देखा है हवाओं के रुख को
वे ठीक उधर जाती हैं
जिधर होता है आदमी उनके अभाव में बेहाल

जितने भी ईश्वर ने बनाये हैं चित्र
सही वक़्त और ज़रूरत के हिसाब से ही

दर्ज कराते हैं अपनी उपस्थिति
तुम क्यों नहीं खोजते हो

ख़ुद के भीतर बनाये हुए ख़ूबसूरत चित्र को
ज़रूरत के हिसाब से।

फ़र्क़ पड़ता है

छोटी बड़ी स्क्रीन
चैनलों की मारा मारी
भर रही है दिमाग़ में

ख़बरों का जंजाल, चीन की चालें
आतंकवादी हमला

एक बड़ी राजनीतिक उठापटक में
एक नये इतिहास का बनना

किसी महिला के सर्वोच्च पद पर पहुँचने पर
महिलाओं के दर्द कम होने का ख़याल

अमेरिका और रूस के बड़े नये पैंतरे
एक शान्त देश का युद्ध में ख़त्म हो जाना

सब कुछ दिल को हिला देने वाली चीज़ें हैं
ख़बरों ने बढ़ा दिया है घर के भीतर का ताप

पर
घर के बाहर
सड़क पर एक बुढ़िया बेचती है
नारियल पानी

उतनी ही ख़ुश,
उतनी ही दुखी जैसी दिखती है हमेशा
बेख़बर हर वक़्त
थोड़ी सी मस्त

मैंने पूछा
आजकल की ख़बरों से तुम पर कोई फ़र्क़ नहीं पड़ता

क्या तुम्हें मालूम है
एक देश हो गया है नेस्तनाबूत

पिछले कई वर्षों से राज करने वाली पार्टी आज हर गयी
तुम नहीं जानतीं चीन कर रहा है युद्ध की तैयारी

किसी देश पर हो सकता है
किसी वक़्त हमला

उलझे बालों वाली बुढ़िया मुस्कुरायी

–साहब
मैं तो शान्त जगह पर रहती हूँ

मुझे तो फ़र्क़ पड़ता है
जब नारियल पानी कम बिकता है।

कविताएँ किसी गाँव की सड़क हो सकती हैं

कविताएँ किसी गाँव की सड़क हो सकती हैं
और किसी देश की सरहद भी

और देशभक्ति का गीत हो सकती हैं
राडारों-पनडुब्बियों और तेज़ मारक क्षमता वाले राकेट सी
दूर जा सकती हैं कविताएँ
नहीं करतीं किसी लहलहाती फ़सलों को बर्बाद

न ही करती हैं धरती का सीना छलनी
ये करती हैं मनुष्य के हृदयों पर राज

प्रेम को अमर बनाती है कविता
और जीवित रखती है किसी कवि का कवित्व।

हमेशा बची रहती है एक और सम्भावना

पतझड़ के दिनों में
सिर्फ़ बचा वजूद

और उसमें सिमटी हुई कई उम्मीदें
उम्मीदों के तार रात में तारों से

जुगनुओं की झिलमिलाहट में
सूरज की पहली किरण से
जुड़े रहे बरस दर बरस

दरख़्त को मालूम था
झड़ने, गिरने, ज़मींदोज़ होने से पूर्व
हमेशा बची रहती है एक और सम्भावना।

अच्छे से रहना

घर से निकलते ही माँ ने दी दुआ
और कुछ शब्द भी–
मसलन
"अच्छे से रहना"

ये महज़ शब्द नहीं थे
बल्कि बहता हुआ संस्कार था मेरे लहू में
जो मेरी माँ की ज़ुबान से मेरे हृदय में आ बसा था

एकल रास्ता तय करते हुए
मैंने जब-जब सिर उठाया
किसी नीति / वक्तव्य/ व्यवस्था के विरोध में
माँ की हिदायतों से टकराया

संस्कारों की पीछे खींचने व झकझोरने की कला ने
मुझे कई आफतों से बचाया

मैंने दुनियादारी में पड़कर
कई बार लक्ष्मण रेखा के बाहर
जैसे ही बढ़ाया क़दम
माँ का "अच्छे से रहना" याद आया

आज माँ नहीं है
वह गाँव भी नहीं है
वह नदी, वह तालाब
पेड़ों की छाँव भी नहीं है

लेकिन मैं वही हूँ
जो गाँव से निकलने से पहले हुआ करता था
मत समझना कि इसमें मेरा कोई हाथ है
बस इतना समझ लो
"अच्छे से रहना" अभी भी याद है।

जितना पुराना प्रेम है उतनी पुरानी हिंसा

जितना पुराना प्रेम है
उतनी पुरानी हिंसा

बनते बिगड़ते हालातों में
दोनों रहे हमेशा

जब हिंसा ने तोड़े आशियाने और जीने की आस
ज़मीं को कर दिया बंजर आख़िरी हद तक उदास

पुराने दरख़्तों की ज़मीन हो गयी खँडहर
मरने वाले लोग और उनके परित्यक्त सामान
एक राष्ट्र ज़मींदोज़ किये जाने की साज़िशें
और मानवता को मिटाने की, की गयीं कोशिशें तमाम

जिस तरह नहीं छोड़ती रोशनी
अपने होने के निशान
ठीक उसी तरह
मनुष्य में बनी रहती है
नैतिकता की जीवित सम्भावना।

सब्र में घुली हुई औरत उफ़ नहीं करती

हम सब पढ़ना चाहते हैं, प्रेम
लिखना चाहते हैं, प्रेम
प्रेम की बात करते नहीं थकते

और नकारने लगते हैं एक दिन
उसके अस्तित्व को ही

अपने जीवन में प्रेम में पड़े हुए उसी शख़्स से
समय गुज़रता है कुछ यूँ

जैसे छोटे स्टेशन से गुज़रती है धड़धड़ाते हुए कोई राजधानी
बेख़ौफ़, बेअन्दाज़, बेतकल्लुफ़

जिस लड़की की आँखों में सजाये थे सपने
हथेली पर रखा था प्रेम का बीज

वह अभी भी खड़ी है उसी चौराहे पर
उसी बीज से पनपे वृक्ष की छाया में

अपनी ख़्वाहिश को अपने दुपट्टे के कोने से बाँधे
कई-कई मौसमों को लिए हुए
कभी किसी अँधेरी कोठरी के सन्नाटे में सोचना
उसके इन्तज़ार की धड़कती हुई सिम्फ़नी

वह सब्र में घुली हुई औरत
उफ़ नहीं करती

बस गुज़र जाती है किसी दिशा में फैले हुई क्षितिज सी
जिसका अस्तित्व होता भी है और नहीं भी।

एक दिन अन्त में आता है...

वह ढह गया पर झुक न सका
इतना गुरूर भी अच्छा न था

चुपचाप देखी कब्रगाह में
दफ़नाई जाती हुई कैफ़ीन
बेबस आँसुओं को रोक रखा था
किसी आख़िरी वक़्त के लिए सैलाब

बड़ी लम्बी चली लड़ाई के बाद
नुक़सान किसी एक का होना न था

युद्ध और प्रेम दोनों में
दरकती हैं दीवारें कोमल भावनाओं की

कोई वकील, दलील और मुक़दमे के बिना
तारीख़ पर तारीख़ बढ़ती जाती है जनाब
ये सरहदी लड़ाई कभी ख़त्म नहीं होती

पहले कट्टरता
फिर अन्धापन

फिर कट्टरता
और अन्ततः विरक्ति में शून्यता

ये तीन तरह की पट्टियाँ बँधी रहीं दिल पर
समय-समय के हिसाब से

और फिर

एक दिन अन्त में आता है
जब माफ़ किया जाता है

जब लौटना होता है वापस
अपने वजूद की जड़ों की ओर

इस वापसी पर मैंने उसे याद किया
और एक भरी मुस्कुराहट से माफ़ किया।

ज़रूरी नहीं

ज़रूरी नहीं है कि
कश्ती डूब जाये उसमें भरे हुए पानी से

कभी-कभी
हौसले की आख़िरी बूँद चुक जाने से भी डूब जाती है

हौसले की क़ीमती बूँदों में
भरा होता है सम्पूर्ण आकाश
सातों रंग में ढला हुआ पृथ्वी का सम्पूर्ण चित्र

हौसले और पानी की बूँद में कुछ ख़ास नहीं होता अन्तर
दोनों में होता है भरा हुआ जीवन
दोनों में होती है अस्तित्व के लिए तड़प

साहस, भय का अभाव नहीं
होती है आगे बढ़ने की ताक़त

यह सपने देखने और विश्वास करने का साहस है,
और जब दूसरे शोक मना रहे हों तब उठने की इच्छाशक्ति है

अँधेरे के भीतर जहाँ परछाइयाँ हैं
आग है, और रोशनी भी

साहस का अंगारा, जलता हुआ उज्ज्वल,
एक ऐसी शक्ति जो सबसे अँधेरी रात पर विजय प्राप्त करती है

साहस की मशालें कब बुझा करती हैं
मुसीबतों के आ जाने से
कश्ती कब डूबती है
सिर्फ़ पानी के भर जाने से!

पितृसत्तात्मक दायरे से परे

पितृसत्ता
एक अनछुआ असन्तुलन है

जो पृथ्वी के बनने के कुछ बाद ही उग आया था
हमारी सोच में भीतरी परत के रूप में

अन्तर्निहित हितों के खाद पानी से
होता रहा पुष्पित और पल्लवित

बना रहा सदैव हरा-भरा
या यूँ कहो कि उस दरख़्त में कभी नहीं आया पतझड़

सदियों से मज़बूत जकड़ लिए
जीवन का अदृश्य आलिंगन

जिसने बनाये रखे दोहरे मापदण्ड
सिंहासन और ज़मीं के मध्य

भूमिकाओं को तय करते वक़्त
सपनों और आकांक्षाओं के सीने पर
रखे गये ज़िम्मदारियों के बोझ
और क़ीमत पर उठाये गये सवाल

विविधता की कोख से उपजा यह बीज
विविधता के जन्म का उत्सव कभी नहीं मनाता

जड़ रूढ़ियों की जड़ता में
लगायी गयी ताक़त और बुद्धि
साहस, निर्भीकता और शक्ति

लेकिन आँधियों के वेग को सहने वाले वृक्ष
उठ खड़े होते हैं एक दिन

मज़बूत और लचीलेपन की ओट में
दृढ़ निश्चयी आँखों के साथ

सामाजिक रूढ़ियों की बेड़ियाँ तोड़कर,
पितृसत्तात्मक दायरे से परे
न्याय और समता की तलाश में।

नयी दुनिया

अराजकता और अव्यवस्था
ताक़तों के मध्य टकराता हुआ कोलाहल है

इसी द्वन्द्व से उपजा एक आदमी
निर्भीक अव्यवस्था के कैनवास पर उभरता है

विचारों का तूफ़ान लिए
एक ध्वनि के बवंडर के साथ उठना
शायद अब समय के साथ एक ज़रूरी माँग

सृजन का बीज बाहर निकलने को मचलता है
रचनात्मकता उमड़ती है बेलगाम

और मुक्ति !!

क्योंकि सम्भावनाएँ कभी भी मुँह ढककर नहीं सोतीं
इन्हें मुक्त करो
शुद्धता की गहराइयों के भीतर

एक जीवन तलाशने का मौक़ा भी हो सकती है
धागों में उलझी हुई मनुष्य की संरचना

कुछ मानदण्डों को नहीं तोड़ पाता
बेचैन मन
परिवर्तन की आस लिए

अनन्त सम्भावनाओं के सागर में
मन्थन करता मन
क्या कोई मस्तिष्क
अपनी असीम शक्ति को रोक सकता है।

हथियारों का इस्तेमाल

आप नहीं जानते,
सही सही
हथियारों का इस्तेमाल

क्या महज़ बारूद से ही बनते हैं हथियार?

क्या एक लम्बी चुप्पी में नहीं बह रहा होता है
कोई धधकता हुआ लावा भीतर ही भीतर

इतिहास गवाह है
बड़े-बड़े युद्ध लड़े गये हैं अहिंसक आधारों से

प्रकृति भी मौन रहते हुए तोड़ती है अपनी चुप्पी
एक समय के बाद
सिखाती है हद में रहना

सुलगते हुए मन, छीने गये अधिकार
कभी-कभी शब्द भी किसी हथियार से कम नहीं होते
बेचैन भटकते हुए तुम
जो करते हो इन बेख़ौफ़ हथियारों का इस्तेमाल

बेचैन भटकने से बेहतर है
कुछ राहतों के आबशार अगर मिल जायें
बहते हुए दरिया के मानिंद

तब भेदना तुम अपना अहिंसक लक्ष्य
लेकिन विवेक को बचाते हुए।

एक ओस की बूँद

एक क्षणभंगुर जीवन की कहानी भर है
एक छोटी सी ओस की बूँद
अपने सम्पूर्ण जीवन की एक सिम्फ़नी

कोमल स्पर्श और अटूट सम्बन्ध की आकृति में बन्द
ब्रह्माण्ड के सौन्दर्य में
अपनी उपस्थिति सी दर्ज होते हुए

प्रकृति में पत्तियों का स्पर्श
चमकते हुए हीरे सा घुलामिला अस्तित्व

सिर्फ़ एक बूँद में समाहित है
इस पृथ्वी का समस्त सौन्दर्य

एक शान्त बिखरी हुई ख़ामोशी में
नमी की चादर लपेटे हुए

हर एक बूँद ख़ुद में है एक ब्रह्माण्ड
और साथ में समेटे हुए अनगिनत मासूम कहानियाँ

एक छोटे से जीवन में मनुष्य की कोमल भावनाएँ
हज़ारों स्वप्नों के साथ देती हैं दिलों को दिलासा

जैसे कोई ओढ़ लेता है
सुबह की घुली हुई ख़ामोशी का रहस्य

अनकही कहानी का शेष बिन्दु है
एक विनम्र उपहार

एक अलौकिक आलिंगन
एक सबक है जीवन का

देखो कहीं पीछे न छूट जाये
जीवन जीने के सुन्दरतम रहस्य

प्रत्येक दिन में खोता हुआ जीवन
नाज़ुक अस्तित्व में ठीक एक बूँद सा

खोने से पूर्व बिखर जाता है अपने सम्पूर्ण सौन्दर्य में
और विलोपित ठीक सूरज के उगने के साथ ही

ढूँढ़ लें अपने जीवन के तन्तु
ओस की बूँद में समाहित सम्पूर्णता की तरह

प्यास बुझाती हुई ओस की बूँदें
एक क्षण का अनमोल उपहार

प्रत्येक बूँद में
पलता हुआ समस्त संसार।

आशाओं के बीज

आशा, लचीलेपन और अत्यन्त शुद्ध प्रेम के साथ
किसी बीज को निकलना होगा जलवायु की चुनौती बनकर

एक दृढ़ और शुद्ध शुष्कता की ज़मीं पर
ताप की उग्र उँगलियाँ करती हैं शासन

एक अत्यन्त पीड़ादायक परिदृश्य छोड़कर
अपने उथलेपन में विचरती हैं नदियाँ

रात की शान्ति और अँधेरा लेकर
बहुत प्यासी है इनकी धरती मुरझाये किनारों से

छुपे हुए कुओं ने बहुत की है ताकझाँक
किसकी आँखों में जलता है एक जोश का जुगनू

सूरज की अपनी कहानी है
अनवरत धधकते आकाश के नीचे

एक जलता हुआ प्रदेश
कुम्हलाते हुए हवाओं के उत्कट

फीके पड़े मनुष्य के रंग
फूल और पत्तों की रंगत फीकी

अनवरत आलिंगन के निबटने के लिए
रक्षा के आविष्कार तैयार हैं, लेकिन

गर्मी के बेरहम ताज के आगे सब कुछ फीका पड़ जाता है।

बच्चे

कल के दायरे में,
तुम्हारे सपनों की उड़ान

धीरे-धीरे पिरोती है आत्मविश्वास
रखती है तुम्हारी जिजीविषा पर धार
माना भविष्य के नक़्शे पर नहीं उगता यूँ ही कोई सितारा

पहले लगती है मेहनत
फिर आती है ताक़त
फिर उतरते हैं रोशनी संवाहक
मार्गदर्शक सितारे बनकर

हमें मालूम है जलना ज़रूरी है
सुलगते सपनों में पंख लगाने के लिए
है यक़ीन तुम ले जाओगे धरा को
विज्ञान और रचनात्मकता की ज्योति से अन्तरिक्ष की ओर

भर दोगे बेरंग दुनिया में रंग
जिज्ञासु मन के कोने में समस्त ख़ज़ानों की चाभी होगी तुम्हारे पास
सागर को उलीचोगे
चन्द्रमा को छू लोगे
हर हार का बदला जीत से लेने वाले

बुद्धत्व की शीतल छाया में तल्लीन
बनोगे जड़ों से गहरे

हर पल नया जन्म लेती दुनिया में
उड़ान को दर्ज करने वाले भविष्य
भरोसा है तुम पर
तुम 'स' और 'अ' का अन्तर पहचानते हो।

तुम नहीं छीन पाओगे दिलों में बसे हुए प्रेम को

नये क्षितिज की खोज करते हुए
तुम्हें विपरीत परिस्थितियों में
अदम्य साहस के बीज बोने हैं

मासूमियत और जिज्ञासाओं की सीमाओं के भीतर
तुम्हें तोड़ने अपने हिस्से के तारे
और सजानी है अपने हिस्से की दुनिया

हमें बाँटने वाली सीमाओं और दूरियों को पाट देंगे
हम अपनी सहिष्णुता और प्रेम के बल पर
इस सद्भावना के गीत ख़ुद से करेंगे तैयार

तुम नहीं छीन पाओगे
हमारे दिलों में बसे हुए प्रेम को
अपने नफ़रत भरे इरादों से।

कवि, संवेदना और क़लम

कवि वही है
जो था हज़ारों साल पहले

कवि कुछ नहीं मिटाता न ही कुछ बनाता है
एक कण भी नहीं
एक क्षण भी नहीं

वह भरता है गागर में सागर
मनुष्यता बचाते हुए
थोड़ी सी संवेदना बचाता है अपनी क़लम से

थोड़ा सा दर्पण दिखाता है
आँख पर पट्टी बँधे लोगों को

भले ही वह रहे किसी धूप या छाँव भरे स्थान पर
अथवा खारे समुद्र के मध्य

या सात पहाड़ियों के पीछे
या गहन अरण्य के मध्य जड़ों के नीचे

पर कहते हैं न
जहाँ न पहुँचे रवि वहाँ पहुँचे कवि

समझ ही लेता है दुखियों के दर्द
सताये हुए लोगों की आह

वह जानता है ग़ुस्से की हद
वह जानता है भारी चट्टान के नीचे दबकर कराहने वाले व्यक्ति का दर्द

भले वह कभी नहीं गुज़रा उस पीड़ा से
पर उसकी लेखनी समझती है

वही लेखनी
जो ज़िन्दा रहती है कवि के साथ-साथ
जीवन के साथ और जीवन के बाद।

लाभ-हानि

लाभ-हानि का सवाल लगाते ही
पाला बदल लिया उन्होंने

क्योंकि अब साथ रहने में कुछ घाटा था
कुछ नुक़सान था

अब चूँकि सिकुड़ रही है
बर्दाश्त कर पाने की क्षमता

और एक दूसरे को देने के लिए समय
साथ ही साथ सिकुड़ता जा रहा है संवेदनाओं का आबशार

सिकुड़ रहे हैं घर और आँगन
खेत व खलिहान, सूरज की धूप, पृथ्वी की हरियाली

कभी-कभी तो लगता है आकाश भी कुछ सिमटा हुआ सा
उनके जाते ही

एक पल में छिटक गया वो साथ
वो शामें, वो बातें, वो डर भी
जिनकी वजह से साथ रहना सुनिश्चित हुआ था
एक बात अब भी अटपटी सी लगती है

कभी-कभी कोई फ़ायदा न भी हो तो आदमी बदल लेता है पाला
सिर्फ़ बरगलाये जाने पर

आकाश के किसी छोर पर
एक सितारा कुछ उतार देता है अपना चमकना

ठीक उसी तरह जैसे मन में कभी उठती है
एक ग़लत काम करने से पहले "न"

उनींदी थकान भरी आँखें
सवाल नहीं करतीं कभी डरावने स्वप्नों से

बस जुटाती रहती हैं हमेशा साहस और साहस
कठोर से कठोर स्वप्न को देखने का भी

अब उसका पाला बदलना भी एक कठोर स्वप्न सा था
जैसे अँधेरे में देखा गया एक स्वप्न

और आँख खुलने के बाद एक गहरा घुप्प अँधेरा
बस ठीक इसी तरह

माकूल समय का इन्तज़ार करते लोग
पाला बदलते हुए पाये जाते हैं

उनके बस की बात तो हरगिज़ नहीं
परन्तु क्या वे पहुँचते हैं अपने लक्ष्य पर
बिल्कुल सही समय पर
शायद इसका अन्दाज़ा लगा पाना मुमकिन नहीं।

एक अच्छे समय की कल्पना

अराजकता और दुर्गम व्यवस्था के
टूटे हुए टुकड़ों में उभरती है
एक अच्छे समय की कल्पना

एक अमूर्त सिम्फ़नी
नवप्रवर्तन के बीज और
शान्ति की चाहत

मिलते हैं अशान्त तूफ़ान
आख़िरकार डर अन्त तक बना रहेगा
व्यवस्थाओं के प्रति
क्योंकि हम सब जीते हैं
शान्ति की कामना करते हुए

और मर जाते हैं या मारे जाते हैं
विभिन्न प्रकार के डरों के मध्य

यह कोई नया प्रश्न नहीं है
जिनसे बचने के लिए
कर दिये जायें मुँह बन्द

दे दी जायें तमाम सज़ायें
उजाड़ दी जायें बस्तियाँ

कर दिया जाये वज़ूद
नेस्तनाबूत

प्रश्न तो फिर भी रहेंगे
व्यवस्थाओं में
जैसे रहता है धमनियों में लहू
और हृदय में धड़कन

कई रूपों में मिटाये जाने पर भी
उग आता है बार-बार प्रश्न
एक जंगली घास की तरह

क्योंकि उनका काटा जाना
उन्हें बनाता है पहले से अधिक मज़बूत।

विध्वंस में ही दबी हुई है सृजन की चिंगारी

विध्वंस में ही दबी हुई है
सृजन की चिंगारी

कहीं किसी भी प्रक्रम पर
नींव में संरक्षित होता है एक पत्थर

विचारों का तूफ़ान लिए
और साथ में ध्वनि का बवण्डर

तूफ़ानों से लेकर
अगम्य कोलाहल तक
चाहे भीतर हो या बाहर

जब तक शान्त न किया जाये
बढ़ता ही जाता है
स्वप्नों का टकराव

आशाओं की प्रबलता भी एक आसन्न संकट
जहाँ कम हो रहा है स्वभावगत लचीलापन

दृढ़ संकल्प के साथ टूटते हुए बन्धन
मानदण्डों की चुनौतियाँ

उनकी आवाज़ें
विपरीत समय की माँग हैं

आज की आवाज़ें
एक धधकती हुई जंगल की आग हैं
किसी अँगीठी की सुलगती आँच नहीं
जो बस में कर ली जायें
किसी पानी की धार से।

युवाल नोआ हरारी के इक्कीस सबक

युवाल नोआ हरारी के
इक्कीस सबक लेने से पहले
अभी दुनिया को देखना है अपनी नज़र से
इसे देना है नया नाम

एक ऐसी दुनिया
जहाँ ज्ञान प्रौद्योगिकी की चुनौतियों में
अन्तिम सत्य का कोई निशान बाक़ी है

राजनीति और धर्म का वजूद
आत्मनिरीक्षण से विचारशील बनाने तक
जटिलताओं
और विषयों का हमारा साझा ज्ञान
एक अलगोरीदम के प्रभाव से नहीं
बल्कि अनुभवों से होता है सराबोर

भविष्य की कोख में पलती हुई चुनौती
सत्य और परिवर्तन में एक डूबी हुई
आत्मा की तलाश है

समय की कोख में
दुनिया के भीतर एक दुनिया है
हर शह से दूर
हर सत्य से परे
एक हृदय से दूसरे हृदय तक।

नया इतिहास

वे बच्चे जो अपनी माँ की ज़ुबान बोलते थे
खिलखिलाते, चहचहाते, बड़े हुए
अपने पिता की छत्र छाया में

आँगन में मोती से बिखरे हुए शब्द
खिलखिलाते हुए बन जाते थे सुबह का सारग
जब माँ बुहारती थी आँगन

इस भाषा में लोकगीत गाते हुए
उसने जाड़ों में बुने स्वेटर
गर्मियों में खजूर के पंखे

होली की गुजियाँ, राखी में पूजे नारियल
भाषा के सुनहरे शब्द
झरझर झरे सावन के मौसम में बारिश की तरह
पींगें बढ़ाती बहन ने गाये सावन के गीत

विवाह में गीतों की माला के मध्य
पहनी थी माला भाई ने
जब गाये थे गाँव भर की औरतों ने बरना बरनी और देवी के गीत
उसी बीच गाये गये मेहँदी और सोहर के गीत

बड़े होने से ठीक पहले
उपभोक्तावादी संस्कृति के आते ही
छुपने लगे शब्द आत्मविश्वास की सिकुड़ती हुई चादर के पीछे

कम हुआ उनका खिलखिलाना
कम हुआ जुबान से बाहर आना
गीतों को देहाती रूप देकर
कर दिया गया हाशिये पर

जीवन के इस पड़ाव पर
धीरे-धीरे सन्ततियों के लिए सहेजे गये
बुने गये स्वेटर कहीं खोने लगे।
बच्चे बेजुबान होने लगे

गीतों की हस्तलिखित किताब बह गयी एक बाढ़ आते ही
बच्चे जो अपनी माँ की ज़ुबान बोलते थे
नहीं रहे माँ के पास

नयी संस्कृति ने बनाये नये फलसफ़े
नया इतिहास।

वह और विज्ञान

विज्ञान कहता है दिल में बसे हुए लोग
सात वर्षों में यादों से भी निकल जाते हैं

सात वर्षों में सूख जाते हैं यादों के आबशार
और अन्तरिक्ष में उसके नाम का टिमटिमाता हुआ शुक्र भी टूट जाता है

सभी ताजमहल धराशायी हो जाते हैं सातवाँ साल आते ही
अन्ततः सभी बातें पहुँच जाती हैं विलुप्ति के कगार पर

जिस तरह आर्मस्ट्रांग पहुँचा था चाँद की सतह पर
वैसे ही तुम और विज्ञान हो आधुनिक युग में

मैं विज्ञान का विद्यार्थी
करने लगा प्रतीक्षा साल दर साल

वर्षों गुज़रने के बाद भी ज़ेहन में यादें ताजा हैं
अंटार्टिका की भक्क सफ़ेदी की तरह अनछुई
और अडिग बर्फ़ की चोटियों सी

कहते हैं विज्ञान का युग चल रहा है
पर प्रेम के प्रश्न अभी भी
आदिम सभ्यता के ही मसले हैं जनाब

ब्रह्माण्ड की उत्पत्ति के समय में बने हुए
कोमल,
पुरातन,
जटिल
विशुद्ध ऐतिहासिक।

आग-आग में होता है बहुत फ़र्क़

आग-आग में होता है बहुत फ़र्क़
ख़तरनाक होती है बारूद की आग
घने जंगल की आग की तरह
पूर्णतया विक्षिप्त

अस्तित्व नेस्तनाबूद करने की चाह लिए
मिटाती है समूल मनुष्य धरती,
प्रकृति, संस्कृति और सद्भावना

विलुप्त प्राणियों व संस्कृति का हिस्सा बनने से पूर्व
बचाना होगा सभ्यता को माचिस की तीलियों से भी

जो धधकती हुई लावे सी क़ैद हैं
किसी आक्रान्ता के मस्तिष्क में

न समझ बैठना भूल से भी
इसे सूरज या चूल्हे की आग

अल्हड़ मन अभी समझने में लाचार है
जिससे दिखाई देती हैं सिर्फ़ बड़े आकार की चीज़ें

शान्त दिखने वाली चीज़ें भी अक्सर रखती हैं विस्फोटक कोलाहल
अशान्त मन बिना किसी जतन के उच्चारण करता है भीतरी तह पर

आँख खुली हों या बन्द
देखने का जतन करना,

हर पल बदलते हुए
समय की आहट का

एक नदी, एक झरना, एक पहाड़, एक चिड़िया,
एक पुष्प, एक गिलहरी, एक शावक को दे दो आज़ादी

खुले आकाश को दो एक क्षितिज
मनुष्य को एक विकसित मस्तिष्क
ताकि समझ सके आग और आग का फ़र्क़।

दीवार

दो दीवारों के मध्य
रहता है कुछ रिश्तों का प्रकाश

कुछ प्यार दुलार की खिड़कियाँ
गुनगुनी धूप सी संवेदनाएँ

कुछ नाराज़गी
फ़र्श पर पड़ी धूल की तरह

थोड़ा-थोड़ा दुख भी
खाने में कुछ ज़्यादा पड़े हुए नमक की तरह

जो सदैव नहीं रहता विद्यमान
पर उसकी आहट महसूसती है एक स्त्री
भीतर ही भीतर

और सन्तुष्टि
हर बर्तन में भरे हुए पानी की तरह

ख़ुशियाँ रोज़ चूल्हे पर चढ़े दूध सी
कुछ प्रतीक्षा खुरदरे फ़र्श की तरह

और एक स्वतन्त्र पुरुष रखता है
सुरक्षा का ख़याल

और अपने विद्यमान होने का
एक लम्बा-चौड़ा अहाता।

सत्य कठोर है

सत्य कठोर है
और कड़वा भी

इतना चुप भी न रहो
कर दे आत्मा विद्रोह और उपज उठे भीतरी कोलाहल

बहुमुखी युद्ध में मेरे सच को कौन कहेगा
मेरे पक्ष की गवाही की तरह

या करेगा अपने हक़ में प्रयोग पूरे स्वीकार के साथ
कि कोई गाँठ न बन जाये ताउम्र के लिए

और सहला भी सकूँ अपनी दुखती नब्ज़ को
खोज अभी जारी है सारे रहस्यों की

मेरी नब्ज़ अभी ज़िन्दा है तुम्हारे विरोध के एवज़ में
जो मरोड़ दी गयी थी ख़ैरियत पूछते वक़्त

मेरा होना अभी मेरी साँसों की हिरासत में क़ैद है ख़ैरियत है
कि वह ओ निगेटिव वाले आदमी का रक्त नहीं था

वरना तीन प्रतिशत क्या सँवार सकते दुनिया को
बन्द नब्ज़ पर घड़ी की नब्ज़ चलती रही

करता रहा वह नब्ज़ की आख़िरी बूँद के चुक जाने के बाद भी इलाज
जब तक चलती रही घर की हर एक चीज़ को गिरवी रखे जाने की दास्तान

और अन्त में उसने निहत्थे हो हथियार डाल दिये
शरीर में ऑक्सीजन ख़त्म हुए तीन दिन गुज़र चुके थे।

वे जो नहीं होते शरीक

वे जो नहीं होते शरीक
बस शामिल कर लिए जाते हैं बिला वजह

पत्थरों से बींध जाते हैं सड़क की छाती पर
किसी ऐतिहासिक किताब के नहीं बन पाते नायक

भविष्य के उत्खनित शिलालेखों पर
नहीं होगी उनकी कोई शिनाख़्त

अन्तहीन मरुस्थल में
चले गये अनगिनत पाँव में जैसे
बचे रहते हैं मनुष्यता के निशान

जहाँ रेत से लिपटे हुए पानी के कण
नहीं बना पाते कोई नाम की शृंखला

पहाड़ों के आलिंगन के मध्य
किसी ख़ुशबू की आवारगी में
घूमते हुए नहीं छोड़ते अपने निशान

एवरेस्ट पर पहुँच चुके शान्ति के वाहक
भले इतिहास न करे याद
पर हमारी सरहदों तक घूमती हैं उनकी आँखें

ये बहुत साधारण से लोग
अपने हिस्से की साँस के अलावा नहीं करते कोई गुनाह

पर शामिल कर लिए जाते हैं
बह जाते हैं किसी जलधारा में सूखे पत्ते की तरह

नहीं पहुँचते किसी नदी के बनाये रास्ते के वाबस्ता
न ही किसी समुद्र की लहर की कोर पर।

पदचिह्न

जगमगाते हुए आकाश के नीचे
उनके पदचिह्न आज भी मौजूद हैं

लयबद्ध विरासत थामे
एक धरा के साथ सद्भाव में
रास्ते से बँधी हुई उनकी यात्रा

प्रकृति लेकर एक विशिष्ट प्रेम में बँधी हुई
मौजूद है हमारे रग-रग में

विविधता और गर्व के स्वर
बुद्धिमत्ता से लेकर जिज्ञासाओं तक
बँधे हुए हैं एक लचीलेपन से

वह लचीलापन
इन्सानियत का लचीलापन है
बुद्धिमत्ता से लेकर जिज्ञासाओं तक

उनकी परम्पराएँ
जो प्यार में गढ़ी और अतीत की लहरों से सुदृढ़ सुरक्षित

परम्पराओं के ताने-बाने में
बन्द हैं उनकी मुट्ठियाँ
उनकी दृष्टि
भविष्य के कोष में अनावृत

एक दिव्य तारे सी प्रज्वलित
मानवता की सुन्दरतम् मूर्ति
जिसके आलिंगन में बसते हैं प्रेम के झरने।

लक्ष्य भी एक है

हमने भी सभी की तरह मनाया ख़ुशियों का जश्न
और द्रवित हुए अनायास मिले हुए दुख से

हम सामान्य मनुष्य थे
अनुष्ठानों और समारोहों में मिलती थी शान्ति

ख़ुशियाँ मनाते थे
निराशाओं का जश्न तो कतई नहीं मना सकते

क्योंकि हम सीधे-सादे मनुष्य
मधुर शक्ति और ब्रह्माण्ड के पूजक थे

विशाल परिदृश्य में पवित्र भूमि पर बसते थे हमारे प्राण
हमें हमसे ज़्यादा प्रिय थी हमारी धरती

उसी के हो लिए जिसने प्रेम दिया
जड़ों से जुड़े रहे उम्र भर

अगर खोजोगे
किसी प्राचीनतम जड़ को
तो भीतर ही भीतर यक़ीनन पाओगे
हमारा गोत्र भी एक ही है

एक ही पिता की सन्तान
लगते हैं आपस में भाई और बन्धु

देखो
हमारा रक्त भी एक ही है
और पीड़ा भी

हम दो आँख, दो हाथ और दो पाँव वाले जीव
एक ही बिन्दु से प्रारम्भ होने वाली आकृति हैं

हमारे पास सूरज की बराबर रोशनी,
बराबर हवा, जल और जीवन है

हमारे मस्तिष्क भी एक जैसे हैं,
रास्ते भी
और कमोबेश लक्ष्य भी एक ही है।

डूबना नहीं डूबते हुए को उबारना भी

वह इन्सान कुछ ज़्यादा था
और आदमीयत कुछ कम थी उसमें

सारी ऋतुओं की नीरव सुन्दरता में
काठ सा मज़बूत, किसी पुष्प के पराग सा तरल

अलौकिक दिव्यता का शृंगार था उसमें
और मृत्यु के आसपास का मौन भी

वह जानता था जीने मरने का रहस्य
और प्रेम का अल्हड़पन, साथ ही कुछ बुज़ुर्गियत भी

प्रेम करने से पूर्व ही
समझ लिया अस्थिरता से स्थिरता का संसार

जिसमें ख़ुद को ख़ुद के हाथों में ही सौंप देना होता है
डूबना नहीं डूबते हुए को उबारना भी तिलिस्मी दरिया से

पार जाने के लिए नहीं होता प्रेम
बल्कि ब्रह्माण्ड की किसी धुरी पर ठहरना होता है
और प्रेम को घूमना होता है चारों ओर।

जो बदल रहा है, वो किनारे पर पहुँचेगा

नाटक सुखान्त हो अथवा दुखान्त,
अन्ततः पर्दा गिर ही जाता है

और इस गिरने में शामिल होती है
एक भरपूर तसल्ली भी

जैसे रात्रि के रंजित स्याह अन्धकूप में
अगली सुबह की किरण की होती है तलाश

कोलाहल ज़िन्दगी का अन्ततः बन्द हो जाता है
किसी एक मौन ताबूत में

किसी स्थान से मुसलसल गिरता झरना
अभी तक नहीं भटका है अपनी राह से

हमारा एकतरफ़ा आलाप नहीं छूटा है सागर की कश्मकश से
जो बदल रहा है, वो किनारे पर पहुँचेगा यक़ीनन

सब कुछ मुसलसल है यहाँ
खेत में बीज, वृक्ष पर चिड़िया

पानी में मछली, आदमी में इन्सानियत
ओस में शीतलता

इन उँगलियों में फँसी हुई रोशनाई
और स्याही में छुपी हुई कविता

बदस्तूर जारी है बाहर का शोर
दिल बाहर निकला तो अटका ही रह गया आसमान में
चाँद की माफ़िक।

मेरे लिए

मेरे लिए थोड़ा अच्छा ही
बहुत अच्छा है

उस थोड़ेपन में ही
मैंने बाँधी हैं सारी आशाएँ

एक अधूरी नदी और अधूरे झरने में ही
होती है मेरी थोड़ी प्यास पूरी

जब एक मुसाफ़िर गाँव से शहर जाने में
खो देता है थोड़े के लिए अपनी सम्पूर्ण सन्तुष्टि

कौन देगा हिसाब उस समय का
जो खो चुका है अब तक अपनी पूर्णता
किसी सन्तुष्टि की चाह में

पूर्ण और अपूर्ण के मध्य
घूमती हैं जीवन की रश्मियाँ

ईश्वर को सुनते हुए मैंने
खो दी है अपनी आवाज़

मंत्रों के गुँजन में दब गया मेरा रूदन
कोई बताए ईश्वर को जाकर
एक अपूर्ण भक्त अपनी पूर्ण भक्ति के साथ खड़ा है निरन्तर

क्या तुम आओगे
उसे पूर्ण बनाने के लिए

सुना है पूर्ण सिर्फ़ ईश्वर बनाता है
मनुष्य की नश्वरता के बाद।

ज़ुबान नहीं जानती हालात मुल्तवी करना

ज़ुबान नहीं जानती
हालात मुल्तवी करना

न ही दिल जानता है
तन्हाइयों से बेफ़िक्र होना

न तो क़लम जानती है
कविताओं का सबब

और ये सादा फ़र्द भी नहीं जानते
क्या लिखा जाना है इन पर किसी रोज़

ज़र्रा ज़र्रा पढ़ सकता है
मस्तिष्क की नम इबारतें

किसी रोज़ तो आयेगा वक़्त
क़लम, फ़र्द और कविताएँ

लिखेंगे अपने वक़्त का
बदलता इतिहास

जब तुम होगे मेरे साथ
मेरे साथ, मेरे साथ, मेरे साथ।

तकनीकी के इतिहास में

तकनीकी के इतिहास में
हाथ में क़लम लिए एक आदमी को
देखा गया एक एलियन की तरह

यह पहली दफ़ा न हुआ
जब इस तरह देखा गया
क़लम लिए आदमी को

वह क़लम का आदमी शब्दों का जादूगर
भावनाओं का महीन कारीगर
बनाता है कल्पनाओं के
शानदार लिबास
रोशनाई में सिर्फ़ भरता है विश्वास

रहता है दिलों के क़रीब,
जानता है दिली कारोबार
और दिमाग़ का स्वतन्त्र व्यापार

वह क़लम लिए आदमी
नहीं होता पिछड़ा हुआ किसी तरह

वह जड़ों की तरह उकेरता है
किसी मज़बूत धरातल में उजास

और बदल देता है
सदियों का इतिहास।

□□